Asha Sohal

"Fortificando o futuro: Estratégias avançadas de segurança de blockchain"

Asha Sohal

"Fortificando o futuro: Estratégias avançadas de segurança de blockchain"

ScienciaScripts

Imprint
Any brand names and product names mentioned in this book are subject to trademark, brand or patent protection and are trademarks or registered trademarks of their respective holders. The use of brand names, product names, common names, trade names, product descriptions etc. even without a particular marking in this work is in no way to be construed to mean that such names may be regarded as unrestricted in respect of trademark and brand protection legislation and could thus be used by anyone.

Cover image: www.ingimage.com

This book is a translation from the original published under ISBN 978-620-7-65000-2.

Publisher:
Sciencia Scripts
is a trademark of
Dodo Books Indian Ocean Ltd. and OmniScriptum S.R.L publishing group

120 High Road, East Finchley, London, N2 9ED, United Kingdom
Str. Armeneasca 28/1, office 1, Chisinau MD-2012, Republic of Moldova, Europe
Printed at: see last page
ISBN: 978-620-7-71401-8

"Fortificando o futuro: Estratégias avançadas de segurança de blockchain"

Conteúdo

Prefácio

O rápido avanço da tecnologia blockchain revolucionou vários setores, prometendo maior transparência, descentralização e segurança. Das criptomoedas à gestão da cadeia de fornecimento e muito mais, o potencial da cadeia de blocos parece ilimitado. No entanto, com o seu crescimento surge um desafio crucial: garantir a segurança dos sistemas de blockchain contra ameaças cada vez mais sofisticadas.

"Fortificando o futuro: Advanced Blockchain Security Strategies" é um esforço para mergulhar no mundo multifacetado da segurança de blockchain. Este livro foi concebido tanto para os recém-chegados como para os profissionais experientes que procuram uma compreensão mais profunda dos princípios, práticas e inovações que sustentam os sistemas seguros de blockchain.

Nos últimos anos, o cenário de blockchain testemunhou inúmeras violações de segurança, desde roubos de criptomoedas de alto nível até vulnerabilidades em contratos inteligentes. Estes incidentes realçam a necessidade urgente de medidas de segurança robustas e de uma compreensão abrangente das potenciais ameaças. Este livro tem como objetivo colmatar a lacuna de conhecimento, explorando os aspectos fundamentais da segurança da cadeia de blocos, examinando vários mecanismos de consenso e detalhando as melhores práticas para proteger contratos inteligentes e aplicações descentralizadas (DApps).

Ao embarcarmos nesta viagem, iremos também explorar o futuro da segurança da cadeia de blocos, considerando ameaças emergentes como a computação quântica e as ameaças persistentes avançadas. Ao analisar estudos de caso do mundo real, esperamos obter informações e lições valiosas que possam informar melhores práticas e estratégias de segurança.

O ambiente regulamentar global em torno da tecnologia blockchain está a evoluir rapidamente, apresentando desafios e oportunidades. Este livro fornece uma visão geral das questões regulamentares e de conformidade, enfatizando a importância de se manter a par dos desenvolvimentos legais para garantir a segurança e a legitimidade.

Quer seja um programador, um profissional de segurança, um líder empresarial ou simplesmente um entusiasta, este livro foi concebido para o dotar dos conhecimentos e ferramentas necessários para navegar no complexo e em constante mudança panorama da segurança da cadeia de blocos. O nosso objetivo é capacitá-lo para proteger e melhorar a integridade dos sistemas de cadeia de blocos, contribuindo, em última análise, para um futuro digital mais seguro e fiável.

Bem-vindo a "Fortificando o futuro: Estratégias avançadas de segurança de blockchain". Vamos começar esta exploração no mundo crítico da segurança de blockchain.

1. Introdução

A evolução da tecnologia Blockchain

A tecnologia Blockchain tem as suas origens no desejo de criar um livro-razão seguro e descentralizado que pudesse facilitar transacções sem confiança. A viagem começou com a criação da Bitcoin em 2008 por uma pessoa ou grupo anónimo conhecido como Satoshi Nakamoto. A Bitcoin foi introduzida como um sistema de dinheiro eletrónico peer-to-peer, com a sua tecnologia de cadeia de blocos subjacente concebida para garantir a integridade e a segurança das transacções sem a necessidade de intermediários como os bancos.

Primeiros desenvolvimentos

- **Bitcoin e o Bloco Génesis:** A cadeia de blocos Bitcoin entrou em funcionamento em janeiro de 2009 com a extração do bloco génese. A Bitcoin introduziu o conceito de prova de trabalho (PoW) como um mecanismo de consenso, que assegurava que apenas as transacções válidas eram adicionadas à cadeia de blocos através de um processo de computação competitiva.

- **Expansão e adoção:** Nos anos seguintes, a Bitcoin ganhou força entre entusiastas e tecnólogos, levando ao desenvolvimento de outras criptomoedas, cada uma tentando melhorar o design da Bitcoin ou abordar casos de utilização específicos.

Segunda geração: Ethereum e contratos inteligentes

- **Lançamento do Ethereum (2015):** O Ethereum, proposto por Vitalik Buterin em 2013 e lançado em 2015, introduziu o conceito de contratos inteligentes - contratos auto-executáveis com os termos do acordo diretamente escritos no código. A blockchain da Ethereum era mais flexível e programável em comparação com a da Bitcoin, permitindo que os programadores criassem aplicações descentralizadas (DApps) na sua plataforma.

- **Contratos inteligentes e DApps:** O advento dos contratos inteligentes permitiu uma vasta gama de aplicações para além da simples transferência de valor, incluindo finanças descentralizadas (DeFi), gestão da cadeia de fornecimento e verificação da identidade digital.

Avanços e novos mecanismos de consenso

- **Proof of Stake (PoS):** Reconhecendo a natureza de consumo intensivo de energia do PoW, surgiram alternativas como o Proof of Stake (PoS). Os mecanismos de consenso PoS são concebidos para serem mais eficientes em termos energéticos, exigindo que os validadores apostem as suas participações em criptomoedas como garantia.

- **Algoritmos de consenso híbridos e novos:** Vários outros algoritmos de consenso, como o Delegated Proof of Stake (DPoS), o Practical Byzantine Fault Tolerance (PBFT) e modelos híbridos mais recentes, foram desenvolvidos para melhorar a escalabilidade, a segurança e a eficiência.

Tendências e inovações actuais

- **Interoperabilidade:** À medida que surgiram várias cadeias de blocos, tornou-se evidente a necessidade de interoperabilidade - permitindo que diferentes cadeias de blocos comuniquem e partilhem dados. Projectos como o Polkadot e o Cosmos estão na vanguarda deste esforço.

- **Soluções de escalabilidade:** Para resolver os problemas de escalabilidade, estão a ser ativamente investigadas e implementadas soluções como sharding, protocolos de camada 2 (por exemplo, Lightning Network para Bitcoin, Plasma para Ethereum) e outros cálculos fora da cadeia.

- **Adoção empresarial:** As grandes empresas e instituições estão a explorar e a implementar soluções de cadeia de blocos para casos de utilização como a rastreabilidade da cadeia de fornecimento, pagamentos transfronteiriços e partilha segura de dados.

Importância da segurança nos sistemas de cadeia de blocos

À medida que a tecnologia de cadeia de blocos continua a evoluir e a sua adoção aumenta, torna-se fundamental garantir a segurança dos sistemas de cadeia de blocos. Seguem-se várias razões fundamentais pelas quais a segurança é extremamente importante nos sistemas de cadeia de blocos:

Confiança e integridade

- **Livro-razão imutável:** A promessa fundamental da cadeia de blocos é um livro-razão imutável em que as transacções, uma vez registadas, não podem ser alteradas ou eliminadas. Esta imutabilidade é crucial para manter a confiança e a integridade de todo o sistema. Qualquer violação deste aspeto pode levar a uma grave perda de confiança entre os utilizadores e as partes interessadas.

- **Segurança do mecanismo de consenso:** A segurança do mecanismo de consenso garante que a rede blockchain funciona corretamente e que apenas as transacções válidas são adicionadas ao livro-razão. As fraquezas nos protocolos de consenso podem levar a ataques de gasto duplo, bifurcações e outras formas de instabilidade da rede.

Segurança financeira

- **Proteção das criptomoedas:** Os sistemas Blockchain estão na base das criptomoedas, que detêm um valor financeiro significativo. Garantir a segurança destes sistemas protege os activos dos utilizadores contra roubo e fraude. Violações de alto perfil podem levar a perdas financeiras substanciais e minar a credibilidade de todo o ecossistema.

- **Vulnerabilidades dos contratos inteligentes:** Os contratos inteligentes, que facilitam transacções e processos automatizados, podem ter vulnerabilidades que são exploradas por agentes maliciosos. A proteção destes contratos é essencial para evitar o acesso não autorizado e a manipulação de fundos ou dados.

Privacidade e confidencialidade

- **Segurança dos dados:** Embora as cadeias de blocos sejam frequentemente registos públicos, é vital garantir a privacidade e a confidencialidade dos dados das transacções, especialmente para aplicações que lidam com informações sensíveis, como a identidade pessoal, registos de saúde e transacções financeiras.

- **Anonimato e Pseudonimato:** Os utilizadores confiam frequentemente no anonimato ou pseudonimato oferecidos pelos sistemas de cadeia de blocos. Manter estas características em segurança impede o rastreio e a definição de perfis indesejados dos utilizadores.

Conformidade regulamentar

- **Requisitos legais:** As diferentes jurisdições têm diferentes requisitos regulamentares em matéria de segurança e privacidade dos dados. Garantir a conformidade com estes regulamentos é essencial para evitar sanções legais e para facilitar a adoção mais alargada da tecnologia de cadeia de blocos.

- **Auditoria e transparência:** As medidas de segurança devem também garantir que os sistemas de cadeias de blocos possam ser auditados para verificar a conformidade com as normas jurídicas e financeiras sem comprometer a integridade dos dados.

Resistência a ataques

- **Ataques de 51%:** Na prova de trabalho e em alguns outros mecanismos de consenso, se um atacante ganhar o controlo de mais de 50% do poder computacional da rede, pode manipular a cadeia de blocos. A proteção contra estes ataques é crucial para a credibilidade da rede.

- **Ataques Sybil e Eclipse:** As redes de cadeias de blocos devem ser protegidas contra ataques Sybil (em que um atacante cria inúmeras identidades falsas) e ataques Eclipse (em que um nó é isolado e alimentado com informações falsas), uma vez que estes podem perturbar gravemente as operações da rede.

Avanço tecnológico

- **Preparando-se para o futuro contra ameaças emergentes:** À medida que a tecnologia avança, o mesmo acontece com os métodos utilizados pelos atacantes. Garantir que os sistemas de blockchain sejam resistentes a ameaças futuras, como a computação quântica, é necessário para manter a segurança a longo prazo.

- **Inovação nas práticas de segurança:** A melhoria contínua e a inovação nas práticas de segurança, incluindo a utilização de técnicas criptográficas avançadas e modelos de segurança descentralizados, são vitais para se manter à frente de potenciais ameaças.

Em conclusão, a segurança dos sistemas de cadeia de blocos é fundamental para o seu sucesso e adoção generalizada. À medida que a tecnologia evolui e encontra novas aplicações, a priorização de medidas de segurança robustas garantirá a confiança, a integridade e a sustentabilidade das redes de blockchain no futuro digital.

2. Fundamentos da segurança da cadeia de blocos

Conceitos básicos da cadeia de blocos

A tecnologia Blockchain é um livro-razão digital descentralizado que regista transacções em muitos computadores, de tal forma que as transacções registadas não podem ser alteradas retroativamente. Esta propriedade fundamental garante transparência e segurança sem a necessidade de uma autoridade central. Eis os principais conceitos:

1. Tecnologia de registo distribuído (DLT)

- Um livro-razão distribuído é uma base de dados que é consensualmente partilhada e sincronizada em vários locais, instituições ou regiões geográficas.

- Ao contrário das bases de dados tradicionais, não existe um administrador central.

2. Blocos

- Os dados são armazenados em blocos, cada um contendo uma lista de transacções.

- Cada bloco tem um identificador único chamado hash, e cada bloco está ligado ao bloco anterior através de um hash criptográfico, formando uma cadeia.

3. Descentralização

- A cadeia de blocos funciona numa rede peer-to-peer em que cada participante (nó) mantém uma cópia de toda a cadeia de blocos.

- As decisões e actualizações da cadeia de blocos são tomadas por consenso e não por uma autoridade central.

4. Mecanismos de consenso

- Métodos para obter um acordo entre nós distribuídos sobre a validade das transacções.

- Os mecanismos mais comuns incluem a Prova de Trabalho (PoW) e a Prova de Participação (PoS).

5. Criptografia

- As técnicas criptográficas protegem os dados e garantem a integridade das transacções.

- A criptografia de chave pública é utilizada para assinaturas digitais e verificação de transacções.

6. Contratos inteligentes

- Contratos auto-executáveis com os termos do acordo diretamente escritos em código.

- Aplicar e executar automaticamente os termos do contrato sem intermediários.

Como é que a cadeia de blocos garante a segurança

A cadeia de blocos utiliza várias camadas de segurança para proteger a integridade dos dados e garantir transacções seguras:

1. Imutabilidade

- Uma vez que os dados são registados num bloco e adicionados à cadeia de blocos, é muito difícil alterá-los.

- Cada bloco contém um hash criptográfico do bloco anterior, criando uma cadeia de blocos que remonta ao bloco de génese.

2. Hashing criptográfico

- As funções de hash convertem os dados de entrada numa cadeia de caracteres de tamanho fixo.

- O hashing garante a integridade dos dados; mesmo uma pequena alteração na entrada produz um hash drasticamente diferente.

3. Criptografia de chave pública

- Utiliza um par de chaves: uma chave pública (partilhada com outros) e uma chave privada (mantida em segredo).

- Garante que as transacções são autorizadas pelo legítimo proprietário através de assinaturas digitais.

4. Algoritmos de consenso

- Assegurar que todos os nós concordam com a validade das transacções antes de as adicionar à cadeia de blocos.

- Evita a duplicação de despesas e a fraude.

5. Descentralização

- Elimina os pontos únicos de falha.

- Mesmo que alguns nós sejam comprometidos, toda a rede permanece segura e operacional.

6. Contratos inteligentes

- Automatizar e fazer cumprir acordos contratuais sem intermediários, reduzindo o risco de manipulação e fraude.

Ameaças e vulnerabilidades comuns

Apesar das suas características de segurança robustas, a tecnologia de cadeia de blocos não está imune a ameaças e vulnerabilidades:

1. 51% Ataque

- Se uma única entidade ganhar o controlo de mais de 50% do poder computacional da rede, pode manipular a cadeia de blocos.

- Isto permite a duplicação de gastos e a reorganização da cadeia de blocos.

2. Ataque Sybil

- Um atacante cria várias identidades falsas (nós) para ganhar uma influência desproporcionada na rede.

- Pode perturbar mecanismos de consenso e manipular transacções.

3. Ataque do Eclipse

- Um atacante isola um nó e controla todas as suas ligações, alimentando-o com informações falsas.

- Pode perturbar a visão do nó da cadeia de blocos e levar a um processamento incorreto das transacções.

4. Vulnerabilidades dos contratos inteligentes

- Contratos inteligentes mal codificados podem ter bugs que podem ser explorados.

- Os exemplos incluem o ataque DAO, em que uma falha num contrato inteligente levou a um roubo significativo de fundos.

5. Comprometimento da chave privada

- Se a chave privada de um utilizador for roubada, o atacante pode aceder e transferir os seus bens.

- O armazenamento seguro de chaves privadas é crucial.

6. Ataques de phishing

- Os atacantes induzem os utilizadores a revelar as suas chaves privadas ou credenciais de início de sessão através de sítios Web ou comunicações fraudulentas.

7. Puxadores de tapetes em projectos DeFi

- Os promotores abandonam um projeto e ficam com os fundos dos investidores, o que é comum no financiamento descentralizado (DeFi), em que a confiança nos promotores do projeto é crítica.

8. Dupla despesa

- Um ataque em que a mesma moeda digital é gasta mais do que uma vez.

- Impedido por mecanismos de consenso, mas teoricamente possível em determinados cenários de ataque.

9. Explorações de contratos inteligentes

- Os contratos complexos e interligados podem apresentar vulnerabilidades imprevistas.

- A auditoria cuidadosa e a verificação formal são necessárias para mitigar os riscos.

10. Ameaças à computação quântica

- Os futuros computadores quânticos podem quebrar os actuais algoritmos criptográficos.

- Os criadores de cadeias de blocos estão a investigar algoritmos resistentes ao quantum para se prepararem para esta eventualidade.

Em conclusão, embora a cadeia de blocos ofereça características de segurança melhoradas, compreender e atenuar as suas vulnerabilidades é essencial para manter um sistema robusto e seguro. A investigação e o desenvolvimento contínuos, juntamente com as melhores práticas, são necessários para salvaguardar as aplicações de cadeia de blocos contra ameaças em evolução.

3. Princípios criptográficos na cadeia de blocos

Chaves públicas e privadas

As chaves públicas e privadas são componentes fundamentais da segurança da cadeia de blocos, constituindo a base dos protocolos criptográficos que protegem as transacções e os dados.

1. Criptografia de chave pública

- Também conhecida como criptografia assimétrica, utiliza um par de chaves: uma chave pública e uma chave privada.

- A chave pública é partilhada abertamente e pode ser utilizada por qualquer pessoa para encriptar dados ou verificar uma assinatura digital.

- A chave privada é mantida em segredo e é utilizada para desencriptar dados ou criar uma assinatura digital.

2. Como funciona

- **Encriptação:** Os dados encriptados com uma chave pública só podem ser desencriptados pela chave privada correspondente. Isto garante que apenas o destinatário pretendido pode aceder aos dados encriptados.

- **Assinaturas digitais:** Uma assinatura digital criada com uma chave privada pode ser verificada por qualquer pessoa que utilize a chave pública correspondente. Isto garante a autenticidade e a integridade dos dados ou da transação.

3. Aplicação da cadeia de blocos

- **Carteiras:** As chaves públicas servem como endereços para receber fundos, enquanto as chaves privadas são utilizadas para autorizar transacções a partir da carteira.

- **Verificação de transacções:** Os nós da rede blockchain utilizam chaves públicas para verificar as assinaturas digitais das transacções, garantindo que foram criadas pelo detentor da chave privada correspondente.

Funções de hash

As funções de hash são algoritmos que recebem uma entrada e produzem uma cadeia de caracteres de tamanho fixo, que parece aleatória. Estas funções são cruciais para garantir a integridade e a segurança dos dados na tecnologia de cadeia de blocos.

1. Propriedades das funções de hash

- **Determinístico:** A mesma entrada produzirá sempre o mesmo hash.

- **Computação rápida:** Os hashes podem ser gerados rapidamente a partir de dados de entrada.

- **Resistência à pré-imagem:** Dado um hash, deve ser computacionalmente inviável encontrar a entrada original.

- **Pequenas alterações na entrada:** Mesmo uma pequena alteração na entrada produz um hash muito diferente.

- **Resistência à colisão:** Deve ser computacionalmente inviável encontrar duas entradas diferentes que produzam o mesmo hash.

2. Funções de hash comuns

- **SHA-256 (Secure Hash Algorithm 256-bit):** Amplamente utilizado em blockchain, especialmente em Bitcoin. Gera um valor de hash de 256 bits.

- **Keccak-256:** Utilizado pelo Ethereum, faz parte da família SHA-3.

3. Aplicação da cadeia de blocos

- **Block Hashing:** Cada bloco na blockchain contém o hash do bloco anterior, criando uma cadeia de blocos. Isso garante a integridade de todo o blockchain.

- **Hashing de transacções:** As transacções são submetidas a hash e os hashes são incluídos nos blocos, garantindo a integridade e o não repúdio das transacções.

Assinaturas digitais

As assinaturas digitais são uma forma de verificar a autenticidade e a integridade de mensagens ou documentos digitais. São uma parte essencial para garantir a segurança na tecnologia de cadeia de blocos.

1. Como funcionam as assinaturas digitais

- **Criação:** Uma assinatura digital é criada utilizando a chave privada de um remetente. O remetente aplica um algoritmo criptográfico aos dados, produzindo uma assinatura única.

- **Verificação:** O destinatário utiliza a chave pública do remetente para verificar a assinatura. Se a assinatura for válida, confirma que os dados não foram alterados e foram assinados pelo titular da chave privada.

2. Componentes das assinaturas digitais

- **Algoritmo de assinatura:** Combina a chave privada com os dados para produzir uma assinatura.

- **Algoritmo de verificação:** Utiliza a chave pública e os dados para verificar a validade da assinatura.

3. Aplicação da cadeia de blocos

- **Autenticação de transacções:** As assinaturas digitais garantem que as transacções são autorizadas pelo legítimo proprietário da chave privada. Cada transação inclui uma assinatura digital que os nós verificam antes de a adicionar à cadeia de blocos.

- **Integridade dos dados:** As assinaturas digitais protegem a integridade dos dados armazenados na cadeia de blocos, garantindo que não foram adulterados depois de terem sido assinados.

Em conclusão, as chaves públicas e privadas, as funções de hash e as assinaturas digitais são parte integrante da segurança e da funcionalidade da tecnologia de cadeia de blocos. Estas ferramentas criptográficas trabalham em conjunto para garantir a autenticidade, a integridade e a confidencialidade das transacções e dos dados na cadeia de blocos.

4. Mecanismos de consenso e segurança

Os mecanismos de consenso são cruciais para garantir a integridade, a segurança e a fiabilidade das redes de cadeias de blocos. Aqui exploramos Proof of Work (PoW), Proof of Stake (PoS) e outros algoritmos de consenso, juntamente com uma análise comparativa de segurança.

Prova de trabalho (PoW)

Proof of Work (PoW) é o algoritmo de consenso original utilizado pela Bitcoin e por várias outras criptomoedas.

1. Mecanismo

- **Mineração:** Os participantes (mineiros) resolvem problemas matemáticos complexos para validar transacções e adicionar novos blocos à cadeia de blocos.

- **Ajuste da dificuldade:** A dificuldade destes problemas ajusta-se dinamicamente para garantir um ritmo constante de criação de blocos.

- **Recompensas:** Os mineiros recebem recompensas em criptomoeda por adicionarem um bloco com sucesso, incentivando a participação.

2. Elementos de segurança

- **Poder de** hash**:** A segurança da rede é proporcional ao poder computacional total (taxa de hash) dos mineiros participantes.

- **Imutabilidade:** A dificuldade computacional torna inviável a alteração de transacções passadas por parte de atacantes, garantindo a integridade da cadeia de blocos.

3. Desvantagens

- **Consumo de energia:** O PoW requer um poder computacional significativo, o que leva a um elevado consumo de energia.

- **Risco de centralização:** Grandes pools de mineração podem potencialmente dominar a rede, representando um risco de centralização.

Prova de participação (PoS)

A Proof of Stake (PoS) é uma alternativa à PoW que pretende ser mais eficiente em termos energéticos e escalável.

1. Mecanismo

- **Aposta:** Os validadores (stakers) bloqueiam uma determinada quantidade de criptomoeda como garantia.

- **Validação:** Os validadores são escolhidos para criar novos blocos e validar transacções com base na quantidade de criptomoeda que apostaram.

- **Prémios e penalizações:** Os validadores ganham recompensas por validações correctas e podem perder parte dos seus fundos apostados por actividades maliciosas.

2. Elementos de segurança

- **Incentivos económicos:** Os validadores têm um incentivo financeiro para agir honestamente, uma vez que correm o risco de perder os seus activos em jogo.

- **Eficiência energética:** O PoS requer muito menos potência computacional do que o PoW, o que o torna mais amigo do ambiente.

3. Desvantagens

- **Concentração de riqueza:** Aqueles com mais criptomoedas podem ter maior influência, levando potencialmente à centralização.

- **Distribuição inicial:** A distribuição inicial das participações pode afetar a equidade e a descentralização da rede.

Outros algoritmos de consenso

Prova de participação delegada (DPoS)

O DPoS é uma variação do PoS em que os intervenientes elegem um pequeno número de delegados para validar as transacções e criar novos blocos.

1. **Mecanismo**

   - **Votação:** Os participantes votam nos delegados usando os seus tokens apostados.

   - **Delegação:** Os delegados eleitos são responsáveis pela manutenção da cadeia de blocos e pela validação das transacções.

2. **Características de segurança**

   - **Democracia representativa:** Reduz o número de validadores, melhorando a eficiência sem sacrificar a segurança.

   - **Responsabilidade:** Os delegados podem ser afastados se actuarem de forma maliciosa ou não cumprirem os seus deveres.

3. **Desvantagens**

   - **Risco de centralização:** A seleção de um pequeno número de delegados pode levar à centralização.

- **Apatia dos eleitores:** A fraca participação dos eleitores pode comprometer a segurança e a equidade do sistema.

Tolerância prática a falhas bizantinas (PBFT)

O PBFT é um algoritmo de consenso concebido para redes de cadeias de blocos autorizadas, em que os nós são conhecidos e fiáveis.

1. **Mecanismo**

   - **Pré-preparar, preparar, comprometer:** Os nós comunicam numa série de passos para chegar a acordo sobre o bloco seguinte.

   - **Tolerância a falhas:** O algoritmo pode tolerar um determinado número de nós com falhas (até um terço do total).

2. **Características de segurança**

   - **Resiliência a falhas:** O PBFT garante que o sistema se mantém operacional mesmo que alguns nós falhem ou actuem de forma maliciosa.

   - **Finalização rápida:** As transacções são concluídas rapidamente, reduzindo o tempo de confirmação.

3. **Desvantagens**

   - **Escalabilidade:** O PBFT pode tornar-se ineficiente com um grande número de nós devido à sobrecarga de comunicação.

   - **Natureza autorizada:** Não é adequado para redes abertas e sem permissão.

Análise comparativa da segurança

Aspectos de segurança de diferentes mecanismos de consenso

1. **Resistência a ataques**

   - **PoW:** Altamente resistente a ataques devido ao significativo poder computacional necessário. No entanto, é suscetível a ataques de 51% se uma única entidade controlar a maior parte da taxa de hash.

   - **Ponto de venda:** Seguro através de incentivos económicos, mas potencialmente vulnerável a problemas de centralização e de "nada em jogo", em que os validadores podem validar várias cadeias concorrentes sem custos.

   - **DPoS:** Proporciona uma validação eficiente e segura das transacções através de delegados eleitos, mas enfrenta riscos de centralização se poucos delegados dominarem.

   - **PBFT:** Extremamente seguro para redes permissionadas com participantes conhecidos, mas inviável para redes descentralizadas e de grande escala.

2. **Eficiência energética**

   - **PoW:** elevado consumo de energia devido a requisitos computacionais intensivos.

   - **PoS e DPoS:** Muito mais eficientes em termos energéticos, uma vez que não dependem de cálculos pesados.

   - **PBFT:** Eficiente em termos energéticos e adequado para redes de pequena e média dimensão, mas com limitações em termos de escalabilidade.

3. Descentralização e equidade

- **PoW:** Descentralizado em teoria, mas pode levar à centralização na prática devido ao domínio do pool de mineração.

- **PoS:** Pode ser descentralizado, mas pode favorecer os participantes mais ricos.

- **DPoS:** Mais eficiente, mas pode sofrer de centralização se as eleições dos delegados forem manipuladas ou dominadas por alguns.

- **PBFT:** Menos descentralizado devido à sua natureza permissionada, mas altamente justo e eficiente para redes confiáveis.

4. Escalabilidade

- **PoW:** A escalabilidade é limitada devido ao tempo e aos recursos necessários para a extração.

- **PoS:** Oferece melhor escalabilidade em comparação com o PoW.

- **DPoS:** Altamente escalável devido ao menor número de validadores.

- **PBFT:** Escalável até certo ponto, mas limitado pela sobrecarga de comunicação em grandes redes.

Em conclusão, cada mecanismo de consenso tem os seus pontos fortes e fracos. O Proof of Work (PoW) é altamente seguro, mas consome muita energia e é potencialmente centralizador. O Proof of Stake (PoS) oferece eficiência energética e escalabilidade, mas pode concentrar o poder entre participantes ricos. A Prova de Participação Delegada (DPoS) e a Tolerância Prática a Falhas Bizantinas (PBFT) proporcionam um consenso eficiente e seguro para casos de utilização específicos, mas têm limitações em termos de centralização e escalabilidade. A escolha do mecanismo de consenso depende das necessidades específicas e dos condicionalismos da aplicação da cadeia de blocos em questão.

5. Segurança dos contratos inteligentes

Os contratos inteligentes são contratos auto-executáveis com os termos do acordo diretamente escritos no código. Embora ofereçam vantagens significativas, como a automatização e a transparência, também introduzem desafios de segurança únicos. Garantir a segurança dos contratos inteligentes é fundamental para evitar vulnerabilidades que podem levar a perdas financeiras significativas e outras consequências adversas.

Aspectos fundamentais da segurança dos contratos inteligentes

1. **Auditoria e revisão do código**

   - **Auditorias regulares:** Efetuar auditorias de código completas e regulares por empresas de segurança terceiras para identificar potenciais vulnerabilidades e garantir a integridade dos contratos inteligentes.

   - **Revisão por pares:** Incentivar as revisões pelos pares na comunidade de programadores para aproveitar a experiência colectiva e descobrir problemas ocultos.

2. **Verificação Formal**

   - **Provas matemáticas:** Utilizar métodos de verificação formal para provar matematicamente a correção do código do contrato inteligente, garantindo que se comporta como pretendido em todas as condições possíveis.

   - **Ferramentas e estruturas:** Utilizar ferramentas e estruturas de verificação formal, como Coq, Isabelle, ou linguagens de verificação formal, como TLA+ e K.

3. **Testes unitários e testes de integração**

- **Testes abrangentes:** Implementar um conjunto abrangente de testes unitários e testes de integração para validar a funcionalidade e a segurança do contrato inteligente em vários cenários.

- **Testes automatizados:** Utilizar ferramentas de teste automatizadas para testar regularmente os contratos inteligentes como parte do pipeline de integração contínua/implementação contínua (CI/CD).

4. **Tratamento de dados externos e oráculos**

- **Oráculos de confiança:** Utilizar oráculos fiáveis e de confiança para obter dados externos, uma vez que a exatidão e a segurança destas fontes de dados são fundamentais para a execução correcta dos contratos inteligentes.

- **Oráculos descentralizados:** Considere soluções de oráculos descentralizados como Chainlink para reduzir o risco de um único ponto de falha ou manipulação.

5. **Controlo de acesso e permissões**

- **Controlo de acesso baseado em funções:** Implementar mecanismos de controlo de acesso baseado em funções (RBAC) para restringir o acesso a funções sensíveis no âmbito do contrato inteligente.

- **Gestão da propriedade:** Assegurar a propriedade adequada e os controlos administrativos para gerir as actualizações dos contratos e as operações críticas de forma segura.

6. **Tratamento de erros e segurança contra falhas**

- **Funções de recurso:** Incluir funções de recurso para lidar com situações inesperadas e impedir que o contrato entre num estado inválido.

- **Guardas de reentrada:** Implementar protecções de reentrada para proteger contra ataques de reentrada, em que um contrato externo chama de volta o contrato de chamada antes da conclusão da execução inicial.

7. **Gestão do limite de gás**

- **Código eficiente:** Escreva um código eficiente e optimizado para garantir que a execução do contrato se mantém dentro de limites de gás razoáveis, evitando excepções fora do gás.

- **Salvaguardas de limite de gás:** Implementar salvaguardas para evitar que as operações excedam o limite de gás, assegurando uma execução suave e previsível.

Vulnerabilidades comuns nos contratos inteligentes

1. **Ataque de reentrada**

- **Descrição:** Ocorre quando um contrato chama outro contrato antes de o primeiro contrato ter concluído todas as suas operações, permitindo potencialmente que o segundo contrato explore o estado do primeiro contrato.

- **Mitigação:** Use proteções de reentrada como o padrão "checks-effects-interactions" e o ReentrancyGuard do OpenZeppelin.

2. **Estouro e subfluxo de números inteiros**

- **Descrição:** Acontece quando as operações aritméticas excedem os valores máximos (overflow) ou mínimos (underflow) que uma variável pode conter, levando a um comportamento inesperado.

- **Mitigação:** Utilizar bibliotecas matemáticas seguras, como a SafeMath, para efetuar operações aritméticas de forma segura.

3. **Negação de serviço (DoS)**

- **Descrição:** Os atacantes podem consumir recursos excessivos, como gás ou armazenamento, fazendo com que o contrato falhe ou se torne inutilizável.

- **Mitigação:** Assegurar a afetação adequada dos recursos, a gestão dos limites de gás e evitar loops ilimitados ou operações dispendiosas no âmbito do contrato.

4. **Corrida frontal**

- **Descrição:** Ocorre quando um atacante observa as transacções pendentes e manipula a ordem das transacções para obter uma vantagem injusta.

- **Mitigação:** Implementar medidas como esquemas de confirmação-revelação ou utilizar lotes de transacções para ocultar os detalhes da transação até serem finalizados.

5. **Dependência de carimbo de data/hora**

- **Descrição:** Os contratos que dependem de carimbos de data e hora de blocos para operações críticas podem ser manipulados por mineiros até certo ponto.

- **Mitigação:** Utilizar números de bloco em vez de carimbos de data/hora ou adicionar intervalos de tolerância aceitáveis quando se utilizam carimbos de data/hora.

Melhores práticas para a segurança de contratos inteligentes

1. **Adotar normas de codificação seguras**

    -   Seguir as normas de codificação estabelecidas e as directrizes específicas do desenvolvimento de contratos inteligentes para minimizar os riscos de segurança.

2. **Mantenha o código simples e modular**

    -   Escreva código simples, legível e modular para facilitar a auditoria e a compreensão, reduzindo a probabilidade de introdução de vulnerabilidades.

3. **Utilizar bibliotecas e estruturas estabelecidas**

    -   Use bibliotecas e estruturas bem testadas, como o OpenZeppelin, para aproveitar componentes seguros e pré-construídos e evitar reinventar a roda.

4. **Monitorização e atualização contínuas**

    -   Monitorizar continuamente os contratos implementados para detetar qualquer atividade invulgar e estar preparado para atualizar ou corrigir os contratos em resposta a vulnerabilidades ou explorações recentemente descobertas.

5. **Envolver a comunidade**

    -   Envolver-se com a comunidade mais ampla de blockchain e segurança através de programas de recompensa de bugs, hackathons e repositórios de código público para identificar e corrigir vulnerabilidades de forma proactiva.

Conclusão

Garantir a segurança dos contratos inteligentes é um desafio multifacetado que requer uma combinação de auditorias de código rigorosas, verificação formal, testes abrangentes e adesão às melhores práticas. Ao abordar proactivamente potenciais vulnerabilidades e ao empenhar-se na melhoria contínua, os programadores podem criar contratos inteligentes mais seguros e fiáveis, promovendo uma maior confiança e adoção da tecnologia de cadeia de blocos.

6. Segurança das aplicações descentralizadas (DApps)

As aplicações descentralizadas (DApps) são aplicações executadas numa rede blockchain, normalmente aproveitando contratos inteligentes para processamento de backend. Garantir a sua segurança é crucial, uma vez que muitas vezes lidam com dados sensíveis e quantidades significativas de criptomoeda.

Considerações sobre arquitetura e segurança

1. Arquitetura das DApps

- **Frontend:** A interface do utilizador (IU) que interage com a cadeia de blocos. Geralmente é desenvolvida usando tecnologias da web como HTML, CSS e JavaScript.

- **Backend (contratos inteligentes):** Os contratos inteligentes implantados numa cadeia de blocos como a Ethereum tratam da lógica central e do armazenamento de dados.

- **Camada de blockchain:** Fornece a plataforma descentralizada onde as transacções são registadas e os contratos inteligentes são executados.

- **Componentes fora da cadeia:** Sistemas externos e bases de dados que suportam funcionalidades adicionais que não são adequadas para o processamento na cadeia devido a considerações de custo ou desempenho.

2. Considerações sobre segurança

Contratos inteligentes

- **Auditorias de código:** Auditorias regulares e exaustivas efectuadas por empresas de segurança profissionais para identificar vulnerabilidades no código do contrato inteligente.

- **Verificação formal:** Utilização de métodos matemáticos para provar a correção dos contratos inteligentes em relação a um conjunto de especificações.

- **Capacidade de atualização:** Conceber contratos inteligentes com a capacidade de atualização de forma segura para corrigir vulnerabilidades ou adicionar funcionalidades.

Integridade dos dados

- **Dados imutáveis:** Assegurar que os dados registados na cadeia de blocos são imutáveis e à prova de adulteração.

- **Validação de dados fora da cadeia:** Ao utilizar dados fora da cadeia, implementar mecanismos para garantir a sua integridade e autenticidade.

Autenticação e autorização do utilizador

- **Gestão de chaves privadas:** Os utilizadores devem gerir de forma segura as suas chaves privadas, normalmente através de carteiras de hardware ou carteiras de software seguras.

- **Controlos de acesso:** Implementar controlos de acesso robustos para gerir quem pode interagir com contratos inteligentes e em que condições.

Segurança de rede

- **Proteção contra negação de serviço distribuída (DDoS):** Proteger o DApp contra ataques DDoS, que podem sobrecarregar a rede e interromper o serviço.

- **Resistência Sybil:** Implementar medidas para evitar ataques Sybil, em que um atacante cria várias identidades falsas para ganhar influência indevida.

Estudos de caso de violações de segurança de DApp

1. O Hack do DAO (2016)

- **Antecedentes:** O DAO era uma organização autónoma descentralizada no Ethereum, concebida para funcionar como um fundo de capital de risco.

- **Exploração:** Uma vulnerabilidade de chamada recursiva no contrato inteligente permitia a um atacante drenar fundos solicitando repetidamente levantamentos antes de o contrato atualizar o seu saldo.

- **Impacto:** Foram roubados cerca de 60 milhões de dólares em Ether.

- **Resultado:** Levou a um hard fork do Ethereum, criando o Ethereum (ETH) e o Ethereum Classic (ETC).

2. Hack de carteira multi-sig da carteira de paridade (2017)

- **Antecedentes:** A Parity Wallet forneceu a funcionalidade de carteira com várias assinaturas aos utilizadores do Ethereum.

- **Exploração:** Uma falha na biblioteca de contratos inteligentes permitia que um atacante se tornasse o proprietário da biblioteca, permitindo-lhe drenar fundos de carteiras com várias assinaturas.

- **Impacto:** foram roubados 30 milhões de dólares em Ether.

- **Resultados:** Destacou os riscos das bibliotecas de contratos inteligentes partilhadas e a importância da revisão do código e da verificação formal.

3. bZx Flash Loan Attacks (2020)

- **Antecedentes:** A bZx é uma plataforma DeFi que permite a concessão de empréstimos e a negociação de margens.

- **Explorações:** Os atacantes usaram empréstimos flash para manipular os preços de mercado e explorar vulnerabilidades nos contratos inteligentes, levando a uma série de ataques.

- **Impacto:** Mais de 8 milhões de dólares foram perdidos em vários ataques.

- **Resultados:** Sublinhou a necessidade de medidas de segurança abrangentes, incluindo o tratamento de oráculos de preços e transacções financeiras complexas.

Medidas de segurança para DApps

1. Segurança dos contratos inteligentes

- **Revisões e auditorias de código:** Contratar auditores de segurança profissionais para rever o código do contrato inteligente.

- **Verificação formal:** Aplicar métodos de verificação formal para garantir a correção e a segurança dos contratos inteligentes.

- **Melhores práticas:** Siga as melhores práticas do sector para o desenvolvimento de contratos inteligentes, incluindo evitar armadilhas comuns e utilizar bibliotecas estabelecidas.

2. Ensaios

- **Testes automatizados:** Implementar testes automatizados abrangentes, incluindo testes unitários, testes de integração e testes de esforço.

- **Recompensas por bugs:** Ofereça prémios por bugs para incentivar a comunidade de segurança a encontrar e comunicar vulnerabilidades.

3. Segurança do utilizador

- **Gestão de chaves privadas:** Educar os utilizadores sobre práticas seguras de gestão de chaves privadas.

- **Autenticação multi-fator (MFA):** Implementar a MFA para maior segurança nos processos de autenticação de utilizadores.

4. Monitorização das transacções

- **Monitorização em tempo real:** Monitorizar as transacções em tempo real para detetar e responder a actividades suspeitas.

- **Deteção de anomalias:** Utilizar a aprendizagem automática e outras técnicas avançadas para identificar padrões anómalos que possam indicar um ataque.

5. Segurança descentralizada da Oracle

- **Oráculos de confiança:** Utilizar oráculos que sejam amplamente fiáveis e seguros para fornecer dados exactos fora da cadeia.

- **Oráculos descentralizados:** Prefira soluções de oráculo descentralizadas para reduzir o risco de um único ponto de falha.

6. Governação e possibilidade de atualização

- **Quadros de governação:** Implementar estruturas de governação robustas para gerir a evolução e as actualizações das DApps.

- **Contratos actualizáveis:** Conceber contratos inteligentes para suportar actualizações seguras sem comprometer a segurança.

7. Conformidade regulamentar

- **Normas legais:** Garantir que a DApp cumpre as normas legais e regulamentares relevantes para evitar problemas legais e aumentar a confiança.

- **Conformidade com a privacidade:** Implementar medidas de privacidade de dados para cumprir regulamentos como o RGPD.

Em conclusão, a segurança das DApps requer uma abordagem multifacetada, abordando as vulnerabilidades dos contratos inteligentes, garantindo a integridade dos dados, protegendo as credenciais dos utilizadores e monitorizando as transacções. Aprender com as violações de segurança do passado e implementar medidas de segurança robustas é essencial para manter a integridade e a fiabilidade das aplicações descentralizadas.

7. Segurança da rede Blockchain

Ataques e defesas da camada de rede

A camada de rede é um componente crítico na arquitetura da cadeia de blocos, facilitando a comunicação peer-to-peer (P2P) e a disseminação de transacções e blocos. Esta camada é suscetível a vários ataques, e compreender estas ameaças é essencial para implementar defesas eficazes.

1. Ataques comuns à camada de rede

Ataque Sybil

- **Descrição:** Um atacante cria várias identidades falsas (nós) para ganhar uma influência desproporcionada na rede.

- **Impacto:** Pode perturbar o consenso, manipular a votação na governação descentralizada e permitir outros ataques, como o duplo gasto.

Ataque do Eclipse

- **Descrição:** Um atacante isola um nó alvo do resto da rede ao monopolizar as suas ligações.

- **Impacto:** Pode alimentar o nó alvo com informações falsas, controlar a visão do alvo sobre a blockchain e atrasar a propagação da transação.

Ataque de encaminhamento

- **Descrição:** Os atacantes exploram vulnerabilidades nos protocolos de roteamento da Internet subjacentes (BGP) para intercetar ou interromper o tráfego da rede blockchain.

- **Impacto:** Pode atrasar ou censurar transacções, dividir a rede e executar ataques de gasto duplo.

Ataque de negação de serviço (DoS)

- **Descrição:** Os atacantes sobrecarregam os nós ou toda a rede com um fluxo de tráfego ou pedidos de recursos intensivos.

- **Impacto:** Pode degradar o desempenho da rede, perturbar o consenso e impedir o processamento de transacções legítimas.

2. Defesas contra ataques à camada de rede

Ataque Sybil Defesa

- **Prova de trabalho/aposta:** Estes mecanismos tornam dispendiosa a criação de muitas identidades.

- **Verificação da identidade:** Utilização de sistemas de reputação ou de verificação da identidade para limitar a influência dos nós Sybil.

- **Seleção aleatória de pares:** Os nós seleccionam aleatoriamente os pares para reduzir a probabilidade de se ligarem apenas a nós Sybil.

Eclipse Ataque Defesa

- **Ligações entre pares diversificadas:** Manter ligações a um conjunto amplo e diversificado de pares.

- **Rotação de pares:** Fazer uma rotação regular dos pares para minimizar o risco de ser eclipsado.

- **Lista branca de endereços IP:** Utilizar técnicas de lista branca para garantir ligações a nós de confiança.

Roteamento Ataque Defesa

- **Multi-Homing:** Os nós utilizam vários fornecedores de serviços Internet (ISP) para garantir a redundância das suas ligações.

- **Encriptação:** Encriptação de ponta a ponta do tráfego de rede para impedir a interceção e a adulteração.

- **Monitorização e alertas:** Implementar ferramentas de monitorização para detetar comportamentos de encaminhamento invulgares.

Defesa contra ataques de negação de serviço (DoS)

- **Limitação de taxa:** Implementar a limitação da taxa para controlar o número de pedidos que um nó pode tratar.

- **Gestão de recursos:** Utilizar técnicas como o isolamento de recursos e a definição de prioridades para garantir que as operações críticas não são interrompidas.

- **Filtragem de tráfego:** Implementar firewalls de rede e sistemas de deteção de intrusão para filtrar o tráfego malicioso.

Segurança dos nós

Os nós são os blocos de construção das redes blockchain. A proteção dos nós individuais é essencial para proteger a integridade e a segurança da rede em geral.

1. Melhores práticas de segurança de nós

Reforço do sistema operativo

- **Instalação mínima:** Instalar apenas o software necessário para reduzir a superfície de ataque.

- **Actualizações regulares:** Mantenha o sistema operativo e todo o software actualizados com os patches de segurança mais recentes.

- **Controlos de acesso:** Implementar controlos de acesso rigorosos para limitar quem pode aceder ao nó.

Firewall e configuração de rede

- **Regras de firewall:** Configure as firewalls para restringir o tráfego de entrada e saída apenas às portas e serviços necessários.

- **Segmentação de rede:** Utilize a segmentação da rede para isolar os nós de outras partes da rede.

Autenticação e autorização

- **Autenticação forte:** Utilizar métodos de autenticação fortes, como a autenticação multifactor (MFA).

- **Controlo de Acesso Baseado em Funções (RBAC):** Implemente o RBAC para garantir que os utilizadores têm apenas as permissões necessárias para executar as suas tarefas.

Encriptação de dados

- **Encriptação em repouso:** Encriptar todos os dados sensíveis armazenados no nó.

- **Encriptação em trânsito:** Utilize TLS/SSL para encriptar os dados transmitidos através da rede.

Cópias de segurança regulares

- **Cópias de segurança automatizadas:** Implementar cópias de segurança automatizadas de dados e configurações críticos.

- **Armazenamento seguro:** Armazene as cópias de segurança num local seguro, fora do local.

Proteção das comunicações entre pares

A comunicação peer-to-peer (P2P) é a espinha dorsal das redes blockchain, permitindo que os nós troquem informações e mantenham o consenso.

1. Medidas de segurança para as comunicações P2P

Encriptação

- **Encriptação de ponta a ponta:** Assegurar que todas as comunicações entre nós são encriptadas utilizando protocolos de encriptação robustos como o TLS.

- **Perfect Forward Secrecy (PFS):** Utilizar métodos de encriptação que garantam que as chaves de sessão não são comprometidas, mesmo que as chaves de longo prazo sejam comprometidas.

Autenticação

- **Autenticação mútua:** Implementar a autenticação mútua para verificar a identidade de ambas as partes comunicantes.

- **Certificados digitais:** Utilizar certificados digitais emitidos por uma autoridade de certificação (CA) fiável para autenticar os nós.

Descoberta de pares e lista branca

- **Descoberta segura de pares:** Utilizar métodos seguros para a descoberta de pares para evitar a ligação a nós maliciosos.

- **Lista de permissões de nós confiáveis:** Manter uma lista branca de nós de confiança para garantir que as ligações são feitas apenas a pares conhecidos e fiáveis.

Protecções da camada de rede

- **Proteção DDoS:** Implementar mecanismos de proteção DDoS para salvaguardar contra inundações de tráfego.

- **Deteção de anomalias:** Utilizar sistemas de deteção de anomalias para identificar e responder a actividades de rede invulgares.

2. Melhorias de segurança específicas do protocolo

Bitcoin

- **Integração Tor:** Alguns nós Bitcoin usam Tor para anonimizar o tráfego de rede e proteger contra rastreamento de IP.

- **Blocos compactos:** Reduzem a largura de banda necessária para a propagação de blocos, atenuando o impacto de ataques DoS.

Ethereum

- **LibP2P:** O Ethereum 2.0 usa a estrutura LibP2P para comunicação P2P, que inclui recursos de segurança integrados, como autenticação de pares e canais seguros.

- **Sistema de pontuação de pares:** Os nós mantêm pontuações para os pares com base no seu comportamento, ajudando a identificar e isolar nós maliciosos.

Em conclusão, a segurança da camada de rede, dos nós e das comunicações P2P em redes blockchain requer uma abordagem multifacetada, incluindo encriptação robusta, autenticação rigorosa, monitorização regular e defesas proactivas contra ataques comuns. A implementação destas medidas é fundamental para manter a segurança, a integridade e a fiabilidade dos sistemas de cadeias de blocos.

8. Questões regulamentares e de conformidade

Cenário regulamentar global

O ambiente regulamentar para a cadeia de blocos e as criptomoedas está a evoluir rapidamente à medida que os governos e os organismos reguladores de todo o mundo se esforçam por acompanhar os avanços tecnológicos. A abordagem à regulamentação varia significativamente consoante a região, reflectindo diferentes prioridades e níveis de aceitação.

1. América do Norte

Estados Unidos

- **Comissão de Títulos e Câmbio (SEC):** Centra-se na regulação das ofertas iniciais de moedas (ICO) e das criptomoedas como valores mobiliários. Tomou medidas contra projectos que não cumprem as leis de valores mobiliários.

- **Commodity Futures Trading Commission (CFTC):** Regula os derivados de criptomoeda e declarou a Bitcoin e a Ethereum como mercadorias.

- **Financial Crimes Enforcement Network (FinCEN):** Impõe requisitos de combate ao branqueamento de capitais (AML) e de conhecimento do cliente (KYC) às bolsas de criptomoedas.

Canadá

- **Regulamentação de valores mobiliários:** As ICOs são reguladas pela lei dos valores mobiliários e as empresas devem registar-se junto dos reguladores de valores mobiliários provinciais relevantes.

- **Conformidade com AML/KYC:** As bolsas de criptomoedas são consideradas empresas de serviços financeiros (MSBs) e devem cumprir os regulamentos AML/KYC.

2. Europa

União Europeia

- **Regulamento relativo aos mercados de activos criptográficos (MiCA):** Um futuro quadro regulamentar para proporcionar clareza jurídica e proteção dos consumidores em todos os Estados-Membros da UE.

- **Quinta Diretiva relativa ao combate ao branqueamento de capitais (5AMLD):** Exige que as bolsas de criptomoedas e os fornecedores de carteiras implementem medidas AML/KYC.

Reino Unido

- **Autoridade de Conduta Financeira (FCA):** Regula as empresas de criptomoeda e aplica os requisitos AML/KYC. A FCA também proibiu a venda de derivados de criptografia a consumidores de retalho.

3. Ásia

China

- **Proibição da criptomoeda:** O governo proibiu todas as transacções de criptomoedas e actividades de mineração, concentrando-se em vez disso no desenvolvimento de uma moeda digital controlada pelo Estado (Yuan Digital).

- **Apoio às cadeias de blocos:** Apesar da proibição das criptomoedas, a China promove a utilização da tecnologia de cadeia de blocos em vários sectores.

Japão

- **Agência de Serviços Financeiros (FSA):** Regula as trocas de criptomoedas e exige que estas se registem e cumpram normas rigorosas de AML/KYC.

- **Moeda legal:** A Bitcoin é reconhecida como moeda legal para determinadas transacções.

Coreia do Sul

- **Quadro regulamentar:** A Coreia do Sul implementou regulamentos que exigem que as bolsas cumpram as leis AML/KYC e obtenham licenças das autoridades financeiras.

- **Proibição das ICO:** As ICO são proibidas, embora o governo esteja a considerar levantar esta proibição sob certas condições.

4. Austrália

- **Centro Australiano de Relatórios e Análise de Transacções (AUSTRAC):** As bolsas de criptomoedas devem registar-se na AUSTRAC e aderir aos regulamentos AML/KYC.

- **Tributação:** As criptomoedas estão sujeitas ao imposto sobre mais-valias.

Desafios de conformidade para projectos de cadeias de blocos

1. Incerteza regulamentar

- **Jurisdições variáveis:** Diferentes países têm diferentes abordagens regulamentares, criando complexidade para projectos que operam internacionalmente.

- **Leis em evolução:** As rápidas mudanças nos quadros regulamentares exigem um acompanhamento e uma adaptação constantes.

2. Requisitos AML/KYC

- **Privacidade do utilizador:** Equilibrar a conformidade regulamentar com a privacidade do utilizador pode ser um desafio, especialmente em plataformas descentralizadas.

- **Encargos operacionais:** A implementação de procedimentos abrangentes de AML/KYC pode exigir muitos recursos e pode dissuadir os utilizadores.

3. Legislação sobre valores mobiliários

- **Classificação dos Tokens:** Determinar se um token é um título pode ser complexo e subjetivo, conduzindo a riscos legais.

- **Custos de conformidade:** O registo e o cumprimento das leis de valores mobiliários envolvem custos legais e financeiros significativos.

4. Regulamentos relativos à proteção de dados

- **Conformidade com o GDPR:** Garantir a conformidade com as leis de proteção de dados, como o Regulamento Geral de Proteção de Dados (GDPR) na UE, pode ser difícil, especialmente devido à natureza imutável dos dados de blockchain.

- **Residência de dados:** Alguns regulamentos exigem que os dados sejam armazenados em jurisdições específicas, o que entra em conflito com a natureza descentralizada da blockchain.

5. Riscos operacionais

- **Operações transfronteiriças:** A navegação em vários ambientes regulamentares aumenta a complexidade e os riscos operacionais.

- **Incertezas jurídicas:** As ambiguidades nas interpretações legais e na aplicação podem levar a desafios legais inesperados.

Implicações jurídicas da segurança da cadeia de blocos

1. Reconhecimento legal dos contratos inteligentes

- **Aplicabilidade:** O estatuto jurídico dos contratos inteligentes varia, sendo que algumas jurisdições reconhecem-nos como juridicamente vinculativos e outras não.

- **Responsabilidade:** Determinar a responsabilidade por bugs ou vulnerabilidades em contratos inteligentes pode ser um desafio, especialmente em ambientes descentralizados.

2. Legislação sobre privacidade e segurança dos dados

- **Violações de dados:** Os projectos de cadeia de blocos têm de cumprir as leis de notificação de violação de dados, apesar de os dados numa cadeia de blocos serem normalmente encriptados e pseudónimos.

- **Direito a ser esquecido:** Cumprir com o "direito de ser esquecido" sob o GDPR é difícil, dada a natureza imutável do blockchain.

3. Propriedade intelectual

- **Infracções de patentes:** A rápida inovação na tecnologia blockchain aumenta o risco de infracções de patentes e litígios legais relacionados.

- **Software de código aberto:** Muitos projectos de cadeias de blocos utilizam software de fonte aberta, o que acarreta obrigações legais específicas e potenciais vulnerabilidades.

4. Regulamento Financeiro

- **Conformidade com o combate ao branqueamento de capitais (AML):** A não implementação de medidas adequadas de AML pode levar a sanções legais e financeiras significativas.

- **Conformidade fiscal:** Os projectos de cadeias de blocos têm de navegar por regulamentos fiscais complexos, incluindo obrigações de comunicação e tributação de moedas criptográficas.

5. Proteção dos consumidores

- **Fraude e falsas declarações:** Podem ser tomadas medidas legais contra projectos que se envolvam em actividades fraudulentas ou deturpem as suas ofertas.

- **Violações de segurança:** Os projectos podem enfrentar responsabilidades legais se as violações de segurança resultarem em perdas financeiras para os utilizadores.

Em conclusão, navegar no cenário regulatório global para blockchain requer uma compreensão de regulamentos diversos e em evolução, que representam desafios significativos de conformidade. Os projectos devem também considerar as implicações legais da segurança da cadeia de blocos, incluindo a aplicabilidade de contratos inteligentes, a privacidade dos dados, a propriedade intelectual, os regulamentos financeiros e a proteção dos consumidores. Abordar esses desafios por meio de estratégias jurídicas robustas e medidas de conformidade é essencial para o sucesso e a sustentabilidade das iniciativas de blockchain.

9. Ameaças emergentes e direcções futuras

A computação quântica e o seu impacto na segurança da cadeia de blocos

A computação quântica tem o potencial de perturbar os actuais sistemas criptográficos, incluindo os utilizados na tecnologia de cadeias de blocos. Os algoritmos criptográficos tradicionais, como o RSA e o ECC, baseiam-se na dificuldade de fatorizar números grandes ou de resolver problemas de logaritmos discretos, que podem ser resolvidos de forma eficiente por computadores quânticos utilizando algoritmos como o algoritmo de Shor.

1. Impacto na criptografia

- **Criptografia de chave pública:** Os computadores quânticos poderiam quebrar esquemas criptográficos de chave pública amplamente utilizados, comprometendo a segurança das assinaturas digitais e da criptografia em redes de blockchain.

- **Funções de hash:** Os algoritmos quânticos, como o algoritmo de Grover, podem reduzir a segurança das funções de hash, permitindo potencialmente que as colisões sejam encontradas de forma mais eficiente.

2. Estratégias de atenuação

- **Criptografia pós-quântica (PQC):** Desenvolvimento e implementação de algoritmos criptográficos resistentes ao quantum para substituir esquemas vulneráveis.

- **Distribuição de chaves quânticas (QKD):** Aproveitamento da mecânica quântica para proteger os canais de comunicação através de princípios como o entrelaçamento quântico.

3. Considerações específicas da cadeia de blocos

- **Período de transição:** Como a criptografia resistente ao quantum ainda está em desenvolvimento, pode haver um período de transição durante o qual as redes de blockchain são vulneráveis a ataques quânticos.

- **Possibilidade de atualização:** Os protocolos da cadeia de blocos podem ter de ser actualizados para suportar novos algoritmos criptográficos, o que exige coordenação entre os participantes na rede.

Ameaças persistentes avançadas (APTs)

As Ameaças Persistentes Avançadas (APT) são ciberataques sofisticados caracterizados por furtividade, persistência e foco direcionado. Os actores das APT dispõem frequentemente de recursos e conhecimentos significativos, o que torna a sua defesa particularmente difícil.

1. Características das APTs

- **Furtividade:** Os actores da APT utilizam técnicas sofisticadas para evitar a deteção, tais como explorações de dia zero e malware personalizado.

- **Persistência:** Os ataques APT são prolongados e persistentes, com os atacantes a manterem o acesso aos sistemas durante um período alargado.

- **Direccionados:** Os ataques APT são altamente direccionados, concentrando-se em organizações ou indivíduos específicos para atingir objectivos estratégicos.

2. Impacto na segurança da cadeia de blocos

- **Ataques de 51%:** Os actores APT com recursos significativos poderiam potencialmente executar ataques de 51% em redes de cadeias de blocos, comprometendo a sua integridade e mecanismos de consenso.

- **Violações de dados:** As APTs que visam projectos de cadeias de blocos podem resultar no roubo de dados sensíveis ou chaves privadas, levando a perdas financeiras ou danos à reputação.

3. Estratégias de defesa

- **Monitorização contínua:** Implementação de sistemas robustos de monitorização e deteção para identificar actividades suspeitas e potenciais intrusões de APT.

- **Educação dos utilizadores:** Educar os utilizadores sobre as APTs e promover as melhores práticas de cibersegurança, como a higiene de palavras-passe fortes e a sensibilização para o phishing.

- **Segmentação de rede:** Segmentação de redes de blockchain para limitar o impacto de potenciais comprometimentos de APT e impedir o movimento lateral.

Futuras inovações em matéria de segurança na cadeia de blocos

1. Criptografia resistente ao quantum

- **Criptografia Pós-Quantum (PQC):** Desenvolver e padronizar algoritmos criptográficos que sejam resistentes a ataques quânticos, garantindo a segurança a longo prazo das redes blockchain.

2. Provas de conhecimento zero (ZKP)

- **Melhorias na privacidade:** Aproveitar as ZKP para permitir transacções privadas e a partilha de dados, mantendo a integridade e a transparência das redes blockchain.

3. Encriptação homomórfica

- **Computação segura:** A encriptação homomórfica permite que os cálculos sejam efectuados em dados encriptados sem os desencriptar, permitindo o processamento de dados com preservação da privacidade em aplicações de cadeias de blocos.

4. Computação multipartidária (MPC)

- **Confiança distribuída:** Os protocolos MPC permitem que várias partes calculem uma função em conjunto, mantendo suas entradas privadas, aumentando a confiança e a segurança em colaborações baseadas em blockchain.

5. Identidade descentralizada (DID)

- **Identidade auto-soberana:** Os sistemas DID permitem aos indivíduos controlar e gerir as suas identidades digitais sem dependerem de autoridades centralizadas, aumentando a privacidade e a segurança na gestão da identidade.

6. Soluções de hardware seguras

- **Carteiras de hardware:** Os avanços nos módulos de segurança de hardware (HSMs) e enclaves seguros podem aumentar ainda mais a segurança das carteiras de criptomoedas e das soluções de gestão de chaves.

Em conclusão, a computação quântica representa uma ameaça significativa para os actuais mecanismos de segurança da cadeia de blocos, mas a investigação e o desenvolvimento em curso no domínio da criptografia resistente ao quantum oferecem soluções promissoras. A defesa contra ameaças persistentes avançadas requer uma abordagem em várias camadas, incluindo monitorização contínua, educação do utilizador e segmentação da rede. Olhando para o futuro, inovações como provas de conhecimento zero, criptografia homomórfica e identidade descentralizada aumentarão ainda mais a segurança e a privacidade das redes de blockchain.

10. Estudos de caso

Análise dos principais incidentes de segurança da cadeia de blocos

1. O Hack do DAO (2016)

- **Descrição:** Explorou uma vulnerabilidade num contrato inteligente, levando ao roubo de aproximadamente 60 milhões de dólares em Ether.

- **Lições aprendidas:** Destacou a importância das auditorias de código, da verificação formal e da necessidade de atualização dos contratos inteligentes.

2. Hack da carteira de paridade (2017)

- **Descrição:** Explorou uma falha numa biblioteca de contratos inteligentes de carteiras com várias assinaturas, resultando na perda de 30 milhões de dólares em Ether.

- **Lições aprendidas:** Salientou os riscos das bibliotecas de contratos inteligentes partilhados e a importância de uma revisão e teste rigorosos do código.

3. bZx Flash Loan Attacks (2020)

- **Descrição:** Explorou vulnerabilidades nos contratos inteligentes do protocolo de empréstimo DeFi, resultando em perdas de mais de 8 milhões de dólares.

- **Lições aprendidas:** Destacou a necessidade de medidas de segurança abrangentes, incluindo o tratamento de oráculos de preços e transacções financeiras complexas.

Lições aprendidas com violações no mundo real

1. Importância das auditorias de segurança

- **Auditorias regulares:** As auditorias regulares ao código efectuadas por empresas de segurança profissionais são essenciais para identificar vulnerabilidades e pontos fracos nos contratos inteligentes e nas implementações de protocolos.

2. Testes rigorosos

- **Testes automatizados:** Implementar testes automatizados abrangentes, incluindo testes unitários, testes de integração e testes de stress, para identificar e mitigar potenciais vulnerabilidades.

3. Educação dos utilizadores

- **Sensibilização para a segurança:** Informar os utilizadores sobre as melhores práticas para proteger as suas contas e fundos, incluindo a importância de uma gestão segura das palavras-passe e de evitar ataques de phishing.

4. Comunicação transparente

- **Divulgação imediata:** No caso de uma violação de segurança, a comunicação transparente e atempada com as partes interessadas é crucial para manter a confiança e atenuar o impacto do incidente.

Implementações de segurança bem-sucedidas

1. Ethereum 2.0 (Cadeia Beacon)

- **Abordagem multi-cliente:** O Ethereum 2.0 utiliza uma abordagem multi-cliente, com várias implementações de clientes independentes para aumentar a segurança e a resiliência da rede.

2. Tezos

- **Verificação Formal:** A Tezos incorpora técnicas de verificação formal para provar matematicamente a correção dos contratos inteligentes, reduzindo o risco de vulnerabilidades e explorações.

3. Cardano

- **Abordagem em camadas:** Cardano adota uma arquitetura em camadas com camadas separadas para liquidação (Cardano Settlement Layer) e computação (Cardano Computation Layer), aumentando a segurança e a escalabilidade.

4. Polkadot

- **Modelo de segurança partilhada:** O Polkadot utiliza um modelo de segurança partilhada, em que os parachains beneficiam da segurança da cadeia de retransmissão, aumentando a segurança global da rede.

Principais conclusões

1. **Melhoria contínua:** A segurança das cadeias de blocos é um processo contínuo que exige uma melhoria e adaptação contínuas às ameaças emergentes.

2. **Colaboração da comunidade:** A colaboração entre programadores, investigadores e utilizadores é essencial para identificar e resolver eficazmente as vulnerabilidades de segurança.

3. **Resiliência do ecossistema:** Um ecossistema de blockchain resiliente requer medidas de segurança robustas nas camadas de protocolo e de aplicação para resistir a potenciais ataques e violações.

11. Melhores práticas para a segurança da cadeia de blocos

Orientações gerais de segurança

1. Utilizar uma autenticação forte

- Implementar a autenticação multi-fator (MFA) para aceder a sistemas e contas críticos.

- Incentive os utilizadores a utilizarem palavras-passe fortes e únicas e considere gestores de palavras-passe para uma maior segurança.

2. Actualizações regulares de software

- Manter todo o software, incluindo sistemas operativos, aplicações e ferramentas de segurança, atualizado com os últimos patches e actualizações para atenuar as vulnerabilidades conhecidas.

3. Encriptação de dados

- Encriptar dados sensíveis em repouso e em trânsito utilizando algoritmos de encriptação fortes para proteger contra o acesso não autorizado.

4. Controlo de acesso

- Implementar controlos de acesso com privilégios mínimos para restringir o acesso a informações e sistemas sensíveis apenas a utilizadores autorizados.

- Rever e atualizar regularmente as permissões de acesso com base em alterações nas funções ou responsabilidades.

5. Monitorização e registo

- Implementar sistemas robustos de monitorização e registo para detetar e responder prontamente a incidentes de segurança.

- Analise regularmente os registos para detetar actividades suspeitas e anomalias que possam indicar uma violação de segurança.

6. Formação dos trabalhadores

- Fornecer formação abrangente de sensibilização para a segurança aos funcionários, de modo a informá-los sobre as ameaças comuns à segurança e as melhores práticas para mitigar os riscos.

Práticas e políticas organizacionais

1. Políticas e procedimentos de segurança

- Desenvolver e aplicar políticas e procedimentos de segurança que abranjam áreas como a proteção de dados, o controlo do acesso, a resposta a incidentes e a utilização aceitável dos recursos tecnológicos.

2. Plano de resposta a incidentes

- Estabelecer um plano de resposta a incidentes que defina as medidas a tomar em caso de incidente de segurança, incluindo funções e responsabilidades do pessoal, protocolos de comunicação e procedimentos de recuperação.

3. Avaliações de segurança do fornecedor

- Efetuar avaliações de segurança exaustivas de fornecedores e prestadores de serviços terceiros para garantir que aderem às melhores práticas de segurança e cumprem as normas organizacionais.

4. Auditorias de segurança regulares

- Efetuar auditorias e avaliações regulares da segurança para identificar vulnerabilidades e pontos fracos nos sistemas, redes e processos, e tomar medidas correctivas, se necessário.

5. Sensibilização e formação dos trabalhadores

- Fornecer formação contínua de sensibilização para a segurança aos empregados para garantir que estão conscientes das ameaças actuais e compreendem o seu papel na manutenção da segurança.

Ferramentas e tecnologias para o reforço da segurança

1. Firewalls

- Implemente firewalls para monitorizar e controlar o tráfego de rede de entrada e saída, protegendo contra o acesso não autorizado e actividades maliciosas.

2. Sistemas de deteção de intrusões (IDS) e sistemas de prevenção de intrusões (IPS)

- Implementar IDS/IPS para detetar e impedir o acesso não autorizado, infecções por malware e outras ameaças à segurança em tempo real.

3. Gestão de informações e eventos de segurança (SIEM)

- Utilize soluções SIEM para centralizar e analisar registos de eventos de segurança de várias fontes, permitindo a deteção proactiva de ameaças e a resposta a incidentes.

4. Análise e gestão de vulnerabilidades

- Utilizar ferramentas de análise de vulnerabilidades para identificar vulnerabilidades em sistemas e aplicações, dar-lhes prioridade com base no risco e aplicar correcções ou atenuações.

5. Proteção dos pontos terminais

- Implemente soluções de proteção de terminais, incluindo antivírus, anti-malware e ferramentas de deteção e resposta de terminais (EDR), para proteger os dispositivos contra ameaças à segurança.

6. Ferramentas de encriptação

- Utilizar ferramentas e tecnologias de encriptação para encriptar dados em repouso e em trânsito, garantindo a confidencialidade e a integridade.

7. Gestão da identidade e do acesso (IAM)

- Implementar soluções IAM para gerir com segurança as identidades dos utilizadores, as permissões de acesso e os mecanismos de autenticação.

8. Soluções de segurança baseadas em cadeias de blocos

- Explorar soluções de segurança baseadas em cadeias de blocos, como a gestão descentralizada da identidade e plataformas seguras de partilha de dados, para aumentar a confiança e a privacidade nas transacções e comunicações digitais.

Em conclusão, a adoção de orientações de segurança abrangentes, de práticas organizacionais e a utilização de ferramentas e tecnologias adequadas são essenciais para melhorar a postura de segurança e proteger contra a evolução das ameaças à cibersegurança. É necessário rever e atualizar regularmente as medidas de segurança para se adaptar à evolução do cenário de ameaças e garantir a resiliência dos sistemas e dados organizacionais.

12.   Conclusão

O caminho a seguir para a segurança da cadeia de blocos

À medida que a tecnologia blockchain continua a evoluir e a ganhar adoção generalizada, garantir medidas de segurança robustas torna-se cada vez mais crucial. O caminho a seguir para a segurança da cadeia de blocos envolve uma combinação de avanços tecnológicos, quadros regulamentares e colaboração da indústria para enfrentar eficazmente as ameaças e desafios emergentes.

1. Inovações tecnológicas

Criptografia resistente ao quantum:

- Continuação da investigação e desenvolvimento de algoritmos criptográficos resistentes ao quantum para salvaguardar as redes de cadeias de blocos contra as ameaças da computação quântica.

Tecnologias de proteção da privacidade:

- Integração de tecnologias avançadas de reforço da privacidade, como as provas de conhecimento zero e a cifragem homomórfica, para proteger dados sensíveis, mantendo a transparência e a integridade.

Soluções de identidade descentralizadas:

- Adoção de soluções de identidade descentralizadas para dar aos utilizadores um maior controlo sobre as suas identidades e dados pessoais, reduzindo a dependência de autoridades centralizadas e atenuando os riscos de privacidade.

2. Quadros regulamentares

Normalização global:

- Colaboração entre governos, organismos reguladores e partes interessadas da indústria para desenvolver quadros regulamentares normalizados que proporcionem clareza jurídica e proteção dos consumidores, promovendo simultaneamente a inovação.

Conformidade AML/KYC:

- Implementação de procedimentos robustos de combate ao branqueamento de capitais (AML) e de conhecimento do cliente (KYC) para mitigar os crimes financeiros e garantir a integridade das transacções de cadeias de blocos.

3. Colaboração do sector

Partilha de informações:

- Criação de redes de partilha de informações e de plataformas de informação sobre ameaças à escala da indústria para facilitar a colaboração e a defesa colectiva contra as ciberameaças.

Melhores práticas e normas:

- Desenvolvimento e divulgação de melhores práticas, normas de segurança e orientações para o desenvolvimento, a implantação e o funcionamento de cadeias de blocos, a fim de promover os princípios da segurança desde a conceção.

4. Educação e sensibilização

Programas de formação:

- Disponibilização de programas abrangentes de formação e educação para aumentar a sensibilização para as melhores práticas de segurança da cadeia de blocos entre os criadores, os utilizadores e as partes interessadas.

Campanhas de sensibilização do público:

- Lançamento de campanhas de sensibilização para educar o público em geral sobre a tecnologia das cadeias de blocos, os seus potenciais benefícios e a importância das medidas de segurança.

Reflexões finais e recomendações

À medida que a tecnologia blockchain continua a remodelar as indústrias e a redefinir a forma como transacionamos e interagimos digitalmente, a segurança continua a ser fundamental para realizar todo o seu potencial. Ao adotar uma abordagem proativa à segurança e adotar uma estratégia de defesa em várias camadas, as organizações podem mitigar riscos, proteger ativos e criar confiança em sistemas baseados em blockchain.

Recomendações:

1. **Mantenha-se informado:** Mantenha-se a par dos últimos desenvolvimentos e tendências em segurança de blockchain, incluindo ameaças emergentes, vulnerabilidades e práticas recomendadas.

2. **Investir na segurança:** Atribuir recursos e investimentos para a implementação de medidas de segurança robustas, incluindo soluções tecnológicas, formação de pessoal e esforços de conformidade.

3. **Colaborar com colegas:** Envolver-se com colegas da indústria, organismos reguladores e especialistas em cibersegurança para partilhar conhecimentos, experiências e melhores práticas para melhorar a segurança da cadeia de blocos.

4. **Dar prioridade à privacidade:** Dar prioridade à privacidade do utilizador e à proteção de dados, integrando tecnologias de reforço da

privacidade e adoptando princípios de conceção centrados na privacidade em aplicações de cadeias de blocos.

5. **Estar preparado para a mudança: Mantenha-se** ágil e adaptável face à evolução dos desafios de segurança, requisitos regulamentares e avanços tecnológicos, e esteja preparado para ajustar as estratégias e políticas em conformidade.

Em conclusão, o caminho a seguir para a segurança da cadeia de blocos requer um esforço concertado de todas as partes interessadas, incluindo os criadores de tecnologia, os reguladores e os utilizadores finais, para construir um ecossistema de cadeia de blocos seguro e resiliente que possa desbloquear todo o potencial da inovação descentralizada, salvaguardando simultaneamente as ameaças e os riscos emergentes.

Referências

1. Nakamoto, S. (2008). Bitcoin: Um sistema de dinheiro eletrónico peer-to-peer. Recuperado de https://bitcoin.org/bitcoin.pdf

2. Wood, G. (2014). Ethereum: Um livro-razão seguro, descentralizado e generalizado para transacções. Documento Amarelo do Projeto Ethereum, 151, 1-32.

3. Buterin, V. (2017). Um contrato inteligente de próxima geração e uma plataforma de aplicativos descentralizada. Recuperado de https://ethereum.github.io/yellowpaper/paper.pdf

4. Zohar, A. (2015). Bitcoin: under the hood. Communications of the ACM, 58(9), 104-113.

5. Popov, S. (2016). O emaranhado. Recuperado de https://www.iota.org/IOTA_Whitepaper.pdf

6. Croman, K., Decker, C., Eyal, I., Gencer, A. E., Juels, A., Kosba, A., ... & Wattenhofer, R. (2016). Sobre a escala de blockchains descentralizados. Na Conferência Internacional sobre Criptografia Financeira e Segurança de Dados (pp. 106-125). Springer, Berlim, Heidelberg.

7. Szabo, N. (1997). Formalização e segurança das relações nas redes públicas. First Monday, 2(9).

8. Swan, M. (2015). Blockchain: Projeto para uma nova economia. O'Reilly Media, Inc.

9. Clark, J., & Essex, A. (2014). Commitcoin: Compromissos de datação de carbono com bitcoin. No Simpósio Europeu de Investigação em Segurança Informática (pp. 390-407). Springer, Cham.

10. Miers, I., Garman, C., Green, M., & Rubin, A. D. (2013). Zerocoin: e-cash distribuído anônimo do bitcoin. Em Segurança e Privacidade (SP), 2013 IEEE Symposium on (pp. 397-411). IEEE.

11. Eyal, I., & Sirer, E. G. (2018). A maioria não é suficiente: a mineração de Bitcoin é vulnerável. Comunicações da ACM, 61(7), 95-102.

12. Bonneau, J., Narayanan, A., Miller, A., Clark, J., Kroll, J. A., & Felten, E. W. (2015). Sok: Perspetivas e desafios de investigação para bitcoin e criptomoedas. Em Segurança e Privacidade (SP), 2015 IEEE Symposium on (pp. 104-121). IEEE.

13. Vasek, M., & Moore, T. (2015). There's no free lunch, even using Bitcoin: Tracking the popularity and profits of virtual currency scams. In Proceedings of the 2015 ACM Conference on Internet Measurement Conference (pp. 515-528).

14. Gervais, A., Karame, G. O., Wüst, K., Glykantzis, V., Ritzdorf, H., & Capkun, S. (2016). Sobre a segurança e o desempenho de blockchains de prova de trabalho. Em Proceedings of the 2016 ACM SIGSAC Conference on Computer and Communications Security (pp. 3-16).

15. Gün Sirer, E. (2016). Tecnologias de Bitcoin e Criptomoeda: Uma introdução abrangente. Princeton University Press.

16. Decker, C., & Wattenhofer, R. (2013). Propagação de informações na rede Bitcoin. Em Peer-to-Peer Computing (P2P), 2013 IEEE Thirteenth International Conference on (pp. 1-10). IEEE.

17. Bonneau, J., Miller, A., Clark, J., Narayanan, A., Kroll, J. A., & Felten, E. W. (2015). Perspectivas e desafios de pesquisa para bitcoin e criptomoedas. In Proceedings of the 2015 ACM SIGSAC Conference on Computer and Communications Security (pp. 104-121).

18. Dorri, A., Kanhere, S. S., Jurdak, R., & Gauravaram, P. (2017). Blockchain para segurança e privacidade da IoT: O estudo de caso de uma casa inteligente. Em 2017, Conferência Internacional do IEEE sobre Workshops de Computação e Comunicações Pervasivas (PerCom Workshops) (pp. 618-623). IEEE.

19. Tapscott, D., & Tapscott, A. (2016). Revolução da cadeia de blocos: Como a tecnologia por detrás do bitcoin está a mudar o dinheiro, os negócios e o mundo. Penguin.

20. Zyskind, G., Nathan, O., & Pentland, A. (2015). Descentralizando a privacidade: Usando blockchain para proteger dados pessoais. Em Workshops de Segurança e Privacidade (SPW), 2015 IEEE (pp. 180-184). IEEE.

Printed by Books on Demand GmbH, Norderstedt / Germany